RAPPORT DU DÉLÉGUÉ

DE LA

CHAUDRONNERIE EN CUIVRE

DE LA VILLE DE LYON

A L'EXPOSITION D'AMSTERDAM 1883

LYON
ASSOCIATION TYPOGRAPHIQUE
F. PLAN, rue de la Barre, 12

1884

RAPPORT DU DÉLÉGUÉ

DE LA

CHAUDRONNERIE EN CUIVRE

A L'EXPOSITION D'AMSTERDAM 1883

Chers Collègues,

Choisi par vos suffrages pour faire partie de la délégation chargée de visiter l'Exposition internationale-coloniale d'Amsterdam, et de vous donner un compte-rendu sur notre industrie concernant notre corporation.

Citoyens, arrivé à l'Exposition, je me suis mis à l'œuvre que vous m'avez fait l'honneur de vous représenter pour la deuxième fois ; il est de mon devoir de faire un rapport des travaux exposés ; mais voyant un si petit nombre d'exposants dans notre industrie, voyant l'impossibilité de vous résumer un rapport aussi complet que celui de Paris.

Citoyens, c'est avec regret que j'aurais voulu vous donner une satisfaction plus désireuse dans mon rapport industriel.

Avant de vous rendre compte de mon mandat, permettez-moi de remercier la Commission exécutive ouvrière pour le dévoûment dont elle a fait preuve, d'obtenir du Conseil municipal le vote d'un crédit, qui, bien insuffisant pour le nombre restreint des corporations, c'est grâce à son activité et à sa ténacité qu'une délégation ouvrière a pu être admise à l'Exposition d'Amsterdam.

La France a exposé de toutes ses industries, pour la chaudronnerie en cuivre plusieurs installations, de sucrerie, de distillerie, sans oublier les puissances étrangères, la Belgique, Hollande, Allemagne, Angleterre.

MM. Hemesdinger (Usines de Rugles). — Cette maison de métaux est la seule ayant exposé un travail exceptionnel; il consiste en feuilles de cuivre jaune planées-ajustées, assemblées par une rivure ; je crois, à mon point de vue, que cette pièce doit servir pour une façade d'un monument. Je dois vous décrire le plan.

Le haut s'appelle le fronton ; il porte comme mesure 1 m. 20 c. de hauteur, sur 6 mètres de largeur. Le pilastre 4 mètres de hauteur et 6 mètres de largeur ; en sortant de l'ouverture, il reste 2 mètres de chaque côté. Sur les faces de chaque côté des deux colonnes de tuyaux en relief de 4 mètres de hauteur ; les tuyaux donnent le diamètre de 0 m. 50 millim. d'extérieur.

Cette exposition est accueillie par tous les visiteurs ; rien ne laisse à désirer.

MM. Mignoud, Ronard, Delinières (Usines de Montluçon). — Un serpentin dont le tuyau est en fer ; la rentrée du serpentin est comme entrée du diamètre de 0 m. 10 c., et à l'extrémité, de 0 m. 12 millim. ; comme longueur 102 mètres.

Une exposition d'une quantité de coudes cuivre et fer ; le cintrage des coudes est régulier.

Cette maison a déjà exposé à l'Exposition de Paris.

Comme métaux et travail, rien ne laisse à désirer.

HISTORIQUE SUR LES APPAREILS A SUCRERIE.

Avant de parler et de décrire les appareils pour la fabrication du sucre, il est important de faire un historique sur cette substance, qui occupe aujourd'hui une grande place dans l'alimentation et l'industrie, et qui crée à notre corporation de si grands travaux.

Le sucre a été connu de la plus haute antiquité, et la canne à sucre a été la première plante d'où on l'a extrait, par des moyens que nous ne mentionnerons pas ici.

Ce n'est qu'au moyen-âge que Venise commença à raffiner cette matière, et encore ne servait-elle que comme moyen pharmaceutique, et se vendait assez cher; il ne commença à rentrer dans la consommation qu'au XVIIe siècle.

Quelques esprits prévenus en sa faveur lui firent une guerre acharnée, mais enfin le bon esprit fit place à la routine et on en consomma de toute part; son usage toujours croissant, il fallait aviser au moyen de fournir à ce débit.

C'est là que commencent à paraître les importants travaux pour son extraction; ne pouvant assez produire pour les demandes et pour éviter les exigences des manufactures anglaises, quelques industriels cherchent dans une nouvelle plante un succédané au sucre de canne.

Margraff, de Berlin, découvrit la présence du sucre cristallisable dans une plante du Nord, la betterave.

Achard, son élève, établit une sucrerie indigène; mais l'art est dans son enfance, et le sucre n'est pas trouvé bon, et est discrédité par les chimistes anglais, entr'autres par Davis.

Napoléon, par son système continental, porte un coup terrible au commerce de l'Angleterre, et ses produits coloniaux sont prohibés dans tous les pays soumis à la puissance de l'empire.

Le sucre manque sur le marché européen.

L'État lui-même encourage par des fonds et son appui à la fabrication indigène.

Les travaux sont repris et donnent de sérieux résultats, et l'on obtient des produits aussi bon marché que ceux des colonies.

Jusque-là, on ne s'était servi que d'appareils en cuivre et à évaporer le jus à air libre, qui ne donnaient que des produits impurs, car la chaleur détruisait certaines parties de la matière soumise au travail.

L'anglais Howards trouve son appareil a évaporer et à concentrer dans le vide; ce fut un trait de génie.

Désormais, avec le futur appareil, on pourra produire jusqu'à ce jour. L'appareil est employé aux colonies comme dans les sucreries de l'Europe, jusqu'à ce qu'un autre appareil, plus important et plus compliqué, vienne le détrôner.

M. Rillieux inventa le triple effet à tube horizontal. Un changement s'est fait dans les tubes ; on les place verticalement.

Voici l'appareil dont on se sert actuellement dans les fabriques de sucres :

ÉVAPORATEUR WETZEL.

Un évaporateur à air libre monté sur un bâti en fonte et un réservoir demi-cylindre, garni en cuivre rouge à l'intérieur, dans lequel se trouve le jus à évaporer.

Dans ce réservoir, tourne l'évaporation, au moyen de la force motrice ; deux plaques à tubes qui sont reliées entre elles au moyen d'une série de vingt-quatre tubes de 0 m. 70 millim. de diamètre ; sur l'extrémité sont deux fonds ajustés au moyen d'un joint, et forment ensemble deux chambres, une pour la distribution de la vapeur dans les tubes, et l'autre pour échappement.

Au centre du tube, et reliant les deux chambres de vapeur, est placé l'arbre moteur, qui met l'appareil en mouvement et supporte seul l'effort du poids, car s'il portait sur les tubes, il pourrait arracher les rivures.

L'appareil part rotatif dans le jus bouillant, qui se trouve dans le réservoir, couvre les tubes d'une mince couche de liquide, qui, chauffée intérieurement, se réduit très-vite en vapeur, et se renouvelle à chaque tour de rotation.

L'appareil est en cuivre.

Men Word Verzocht, dit Verdamping. — Un évaporateur à air libre, ainsi construit : un réservoir et bâti en fonte, garni de cuivre à l'intérieur, dans lequel sont trois arbres creux et munis de lentilles, qui, par leur disposition, s'entre-croisent, c'est-à-dire que les arbres portent les lentilles qui se trouvent de chaque côté du réservoir ; l'arbre du milieu porte la lentille de droite et de gauche ; ce qui fait qu'aucune place n'est perdue pour l'évaporation, et, par ce fait, produit beaucoup plus. Dans chaque lentille se trouve une bande de cuivre, tournée légèrement en hélice, qui, dans le mouvement rotatif, exécute par l'arbre moteur, ramène l'eau de condensation dans la partie creuse de l'arbre, et de là l'eau s'évacue en dehors.

Également sur chaque lentille, il existe six godets, qui prennent le liquide et le répandent sur la surface de la lentille pendant qu'elle se trouve hors du liquide, qui est dans le réservoir.

Cet appareil à évaporation très-rapide, est sujet à un grave inconvénient : les joints qui relient les lentilles entre elles se brisent facilement, et ont souvent besoin de réparation.

Lecointe et Villette, à Saint-Quentin (Aisne).

APPAREIL EN CUIVRE EN GRAIN DE VIDE.

Cet appareil, d'un gros travail, est en fonte et composé d'un couvercle, d'une calandre et d'un fond réunis par deux joints. Sur le couvercle se trouve un petit dôme contre lequel le tuyau de vapeur passe et fait joint pour se rendre au condenseur. Toutes ces pièces sont en fonte.

Il est muni de quatre serpentins en cuivre rouge, un qui prend la forme du fond et les trois autres montent en gradins. Il est, en outre, muni de six lunettes, montées sur un cadre en bronze et rivées sur l'appareil ; l'autre partie est vissée sur ce cadre. Le verre, qui est assez épais pour résister à la pression de l'air, est intercalé entre ces deux pièces, qui semblent à l'autre côté de l'appareil pour permettre à l'ouvrier cuiseur de voir ce qui s'y passe et de juger du travail qu'il fait. Quatre robinets en bronze permettent d'isoler les serpentins les uns des autres pour avoir la quantité de chaleur nécessaire pour l'opération. Une soupape rentrante, mue au moyen d'un levier, permet de vider l'appareil à volonté.

Quand la cuite est terminée, un manomètre ainsi qu'un indicateur divisible sont appliqués à l'appareil, ainsi qu'un robinet à entonnoir pour l'introduction du beurre. Quand les matières moussent trop, un autre robinet sert à l'admission de l'air ; une soupape sert à introduire les sirops ; un thermomètre ; un vase de sureté. Composé du cylindre en fonte, dans lequel se trouve le tube qui est en communication avec la pompe à faire le vide. Cette disposition a pour but d'empêcher les mousses qui pourraient se produire de passer dans la pompe.

L'espace annulaire qui existe entre le cylindre extérieur et le tuyau, qui est presque à fleur du tuyau qui vient de l'appareil, reçoit la mousse qui est entraînée; elle est retenue dans cette cavité jusqu'au moment où, atteignant le niveau d'eau du vase de sûreté, on l'évacue dans l'appareil au moyen d'un tuyau qui est en communication avec lui.

L'appareil est muni d'une garniture en bois et produit 25 hectolitres de matière cuite par jour.

Compagnie Fives-Lille, Paris. — Cette maison a exposé, pour la sucrerie, un triple effet comme les maisons précédentes, avec quelques modifications et ne se différenciant en rien des autres types.

Cet appareil a 330 mètres carrés de surface de chauffe et évapore, à 35° de l'aéromètre, 2,200 hectolitres en vingt-quatre heures dans l'intérieur des chaudières, entre l'enveloppe percée de trous. Cette enveloppe percée a pour but de distribuer la vapeur sur tous les points du faisceau tubulaire et par là la répartir dans toute la masse.

L'appareil est muni d'un vide-sirop, d'un réchauffeur tubulaire servant à chauffer les jus avec leur vapeur et alimenter la première chaudière à chaud.

Société anonyme de construction de M. Bossu (Belgique).

APPAREIL PERMANENT DE VAPEURS.

Appareil d'évaporation à triple effet à l'usage des fabriques de sucre de canne ou de betterave, pour un travail journalier à 2,300 hectolitres de jus. Surface de chauffe : 375 mètres carrés.

Cet appareil comporte différents perfectionnements, tels que : évacuation permanente des vapeurs ammoniacales qui se logent dans la partie supérieure des faisceaux tubulaires des deux dernières caisses; extraction des eaux de condensation desdits faisceaux tubulaires au moyen d'une pompe double munie de réservoirs d'aspiration avec des indicateurs de contrôle; chauffage circulaire et uniforme des tubes; gros tube central dans chaque caisse; soupapes pour isoler à volonté la deuxième ou la troisième caisse pendant le travail; il a un double condenseur à injection.

Les plaques tubulaires sont en bronze, les petits tubes sont en laiton étamé extérieurement et les gros tubes en cuivre rouge, sans soudure pour éviter des fuites. Le moteur à vapeur avec pompe à air n° 8 de la série pour le service du triple effet; diamètre du cylindre à vapeur : 0 m. 47 c.; diamètre de la pompe à air : 0 m. 60 c.; course commune : 0 m. 60 c.

Société anonyme de la fabrique royale, à Amsterdam (Van-der-Made).

APPAREIL D'ÉVAPORATION A TRIPLE EFFET.

Cet appareil possède 387 mètres de surface de chauffe et peut concentrer par vingt-quatre heures 2,400 hectolitres de jus de canne à la densité de 24° Baumé.

Il se compose de trois chaudières verticales en fonte de diamètres différentiels et à tubes en laiton et plaques tubulaires en bronze. Chaque chaudière est munie d'un gros tube de circulation au centre. Les tubes des deux dernières chaudières sont étamés à l'extérieur. Des chicanes en zigzag assurent la distribution et l'utilisation des vapeurs entre les faisceaux tributaires. Des communications percées en haut et au bas de ces chicanes servent à évacuer les vapeurs ammoniacales, l'air et les eaux de condensation. Des cloches à indicateurs de niveau d'eau, reliées au condenseur et à une pompe spéciale permettent de régler l'enlèvement des deux derniers.

Les vases de sûreté sont placés sur les chaudières mêmes; ils renferment des chicanes percées alternativement, au centre et à la circonférence, de trous de 25 $^m/_m$ de diamètre offrant ensemble la section voulue pour l'échappement de vapeur.

Pour permettre sans arrêt les nettoyages d'une chaudière quelconque, l'appareil est muni d'un système très-simple, qui est composé de quatre soupapes seulement, au moyen duquel il peut marcher à double effet avec les chaudières 1-2, 2-3 et 1-3.

Les chaudières portent les accessoires nécessaires, comme regards, robinets d'entrée, de vidanges, etc., etc.

L'aspirateur de jus est vertical et en tôle; il est muni d'un indicateur de niveau ainsi que des robinets et tuyaux nécessaires pour l'emplissage des deux premières chaudières.

Vide-sirop. — La vidange de chaque chaudière se fait à volonté au moyen d'un monte-jus vertical en tôle.

Le condenseur est à injection; il se compose d'un corps cylindrique en fonte placé près de la pompe à air.

Réchauffeur de jus. — L'emplacement nécessaire à cet appareil est réservé; il se compose d'un corps cylindrique en fonte à tubes en laiton étamé et à plaques tubulaires en bronze. Il ne figure pas à l'appareil exposé parce qu'à Java on n'en a demandé qu'un sur les huit installations fournies par la maison.

Le récipient à vapeur de retour est en tôle; il est placé sous la plate-forme qui porte l'appareil; il est relié à la première et à la deuxième chaudière.

La plate-forme qui porte l'appareil est à colonnes en fonte, à poutrelles en double T laminées et à couverture en tôle striée. La pompe à air est horizontale et à double effet; elle a 600 $^m/^m$ de diamètre sur 700 $^m/^m$ de course; elle est en fonte, coulée d'une pièce; elle est à fourreau et à sièges de clapets en bronze. Le piston est à bourrage; il est supporté par sa tige, qui passe dans des boîtes à étoupes placées dans les deux couvercles. Les clapets sont en caoutchouc; ils sont au nombre de quatre pour l'aspiration et de quatre pour le refoulement de chaque côté.

M. Cail, quai de Grenelle 15 (Paris).

APPAREIL D'ÉVAPORATION A BASSE TEMPÉRATURE ET A TRIPLE EFFET
POUR SUCRERIES.

L'appareil exposé, qui peut opérer sur 2,400 hectolitres de jus par vingt-quatre heures, se compose de trois chaudières différentes ayant ensemble 362 mètres carrés de surface de chauffe. Son principe est basé sur l'emploi du calorique latent de la vapeur qui a déjà développé sa force motrice dans les diverses machines de l'usine, ce qui permet de réaliser une économie de combustible de 40 à 50 $°/_o$ sur les autres procédés d'évaporation.

1° Par les différents diamètres, qu'offrent les trois chaudières, ce qui leur donne une marche régulière d'évaporation, la surface d'évaporation augmentant avec la diminution du calorique latent de la vapeur ;

2° Par les vases de sûreté avec leurs cloisons, placés directement sur les chaudières au lieu de les avoir sur le plancher, disposition moins encombrante et qui permet de recueillir plus facilement les jus anestes par le vase de sûreté ;

3° Par l'emploi d'un condenseur placé directement sur la pompe à air, ce qui permet, dans beaucoup de cas, d'aspirer l'eau en condensation directement à la rivière.

Plus de 800 appareils de Cail fonctionnent en France et à l'étranger.

Ces appareils s'exécutent à toutes dimensions depuis 600 à 20,000 hectolitres de jus par 24 heures.

RÉCHAUFFEUR DE JUS.

Cet appareil, qui se trouve installé à la suite du triple effet, est destiné à utiliser, pour le chauffage des jus, la vapeur sortant de la troisième caisse du triple effet et se rendant au condenseur ; cette vapeur vient passer à l'extérieur d'un faisceau tubulaire à l'intérieur duquel circulent, en sens inverse de la vapeur, les jus refoulés par une pompe soit à la défécation, soit à la carbonation. Il en résulte donc une utilisation complémentaire de la vapeur de chauffage et, par suite, une économie de combustible.

CHAUDIÈRE A CUIRE EN GRAINS DANS LE VIDE POUR SUCRERIES.

Cet appareil s'emploie pour la cuisson des sirops sucrés et présente les conditions suivantes :

Diamètre de la chaudière, 2 m. 750 c.

Hauteur de la calandre, 2 m. 200 c.

Diamètre des serpentins, 45 m. carrés.

Nombre de serpents, quatre.

Il peut produire par opération 125 hectolitres de masse cuite en 6 ou 8 heures pour les sirops de canne, et en 8 ou 10 heures pour les sirops de betteraves.

La disposition des serpentins superposés, dans lesquels on peut introduire la vapeur successivement et séparément, permet de produire le
grain facilement; on évite ainsi la caramélisation qui se produirait sur
les bords des surfaces chauffées non couvertes entièrement de sirops, et
l'opération, par la possibilité de chauffer à tel point de la masse que l'on
désire, peut être conduite avec la plus grande facilité de manière à obtenir à volonté la nature de grain recherchée. Chaque serpentin est en
outre muni de robinet de vapeur double, permettant d'utiliser la vapeur
d'échappement dans les sucreries de canne, où elle est presque toujours
en excès, la vapeur directe n'étant alors employée qu'à la fin de chaque
opération.

L'appareil porte son vase de sûreté placé directement sur la chaudière,
de manière à faire office de brise-mousse, conformément aux dispositions
brevetées en 1865 par notre maison. Il est muni, dans toute la hauteur
de la calandre, de lunettes-fenêtres au moyen desquelles le cuiseur peut
suivre la marche de l'opération, dans tous les points de la masse. Plus
de 800 de ces appareils de différentes grandeurs, fournis par la maison
Cail, fonctionnent aujourd'hui en France et à l'étranger, depuis les
petites chaudières produisant de 20 à 25 hectolitres de masse cuite
par opération, jusqu'à celles construites pour l'usine centrale de Cambrai
qui peuvent produire 750 hectolitres de masse cuite.

Ce système de pompe est commandé par la pompe à air et sert à
l'alimentation et à la vidange du triple effet. La pompe à jus aspire dans
un bac les jus venant de la première caisse de l'appareil d'évaporation.

HISTORIQUE DE LA DISTILLATION.

La distillation a été connue dans l'antiquité, mais l'on ne s'en servait
que pour les parfums. Les Arabes l'importèrent en Espagne, lors de la
conquête de ce pays, et l'introduisirent par ce fait en Europe.

C'est au IXᵉ siècle que les alchimistes découvrirent l'alcool contenu
dans le vin, et purent faire son extraction.

Raymond Lulle fut un des premiers qui marchèrent dans cette voie,
qui plus tard devait être si fertile en richesses pour notre pays.

Les appareils employés à cette époque étaient très-simples, aussi fallait-il plusieurs opérations pour obtenir de l'alcool, qui restait dans le laboratoire des pharmaciens, comme une chose précieuse et rare. Au XVIIIᵉ siècle, on commença à en faire un usage plus général, aussi fallut-il des appareils plus importants. C'est à partir de cette époque que date vraiment la distillation industrielle des vins, dont le midi de la France est le premier théâtre.

Chaptal établit ses premiers appareils à feu nu.

Arquand inventé et applique son chauffe-vin.

Edouard Adam, son appareil qui donne l'alcool à 85° dans une seule opération.

Isaac Bérard trouve et applique l'analyse et prépare le chemin.

Olivier Blumenthal, qui a créé son appareil à distillation continue. Le même appareil, modifié par Desrôme et Cail, est adopté dans le Midi ; et dans le nord de la France son succès est si grand, que pendant trente ans aucun autre système ne remplace le célèbre constructeur.

Geoffray, en Angleterre, construit un appareil carré en bois de chêne qui donne des produits élevés en titre, mais non en goût. Le génie de la France se réveille de nouveau et vient brillamment trancher la difficulté. Désiré Savalle construit son magnifique appareil donnant des produits de 96 à 98° à jet continu et régulier, c'est-à-dire à la dernière limite de la deschydration de l'alcool sans secours d'agent chimique.

Egrot, à Paris. — Cet appareil est très-bien composé ; il se compose d'une chaudière à chauffer le liquide, d'une colonne à quatre plateaux, d'une colone d'analyse, d'un rectificateur chauffe-vin monté exactement sur le réfrigérant. Dans cet appareil, le vin à distiller, après avoir parcouru le réfrigérant et le chauffe-vin, rentrant sur les plateaux-tubes qui sont fournis d'une grande quantité de petits tubes. La vapeur alcoolique en abandonnant son calorique, le met en agitation constante, pour dégager les vapeurs alcooliques qu'il possède, et quand il arrive dans la chaudière, il est totalement épuisé et se déverse par une vidange qui fait office de syphon.

Le chauffe est muni d'une rétrogradation qui envoi à la colonne les alcools qui n'ont pas le titre.

Cet appareil ne vinasse pas et se nettoie facilement.

Cet appareil est un travail fini; la maison Egrot, dans toutes les expositions, a exposé des produits de constructions.

Cail, quai de Grenelle, 15 (Paris). — L'appareil exposé par cette maison est vraiment industriel pour la distillation continue des alcools.

Voici sa construction : Une chaudière où chauffe le vin à distiller, une colonne à plateau pour le dépouillement et la rectification de l'alcool, le plateau de l'appareil Cail est un disque percé de plusieurs orifices suivant les dimensions de l'appareil. Autour de ces orifices, et pour empêcher au liquide de s'échapper, est une tubulure de 5 à 6 centimètres de hauteur, sur laquelle se trouve une calotte demi-sphérique qui a pour fonction de retenir les vapeurs alcooliques et de les forcer à passer à travers une nappe de liquide de 25 à 30 millimètres d'épaisseur, où les parties aqueuses se condensent et l'alcool se trouve mis en liberté, d'après ce principe : la vapeur se condensant un peu au-dessous de 110 degrés.

La vapeur d'alcool pur ne se condense qu'à 45 degrés. Après avoir parcouru les vingt ou vingt-deux plateaux de la colonne, on rencontre sur chaque plateau des couches de plus en plus froides de vin à distiller.

Les vapeurs se rendent dans le rectificateur chauffe-vin, où elles se dépouillent de la vapeur d'eau qu'elles peuvent avoir entraînée avec elles, et elles subissent une première analyse. Le rectificateur chauffe-vin est placé horizontalement et refroidi par le vin à distiller; à chaque tour de serpentin se trouve une tubulure qui traverse le réservoir et se rend sur un tuyau collecteur qui est chargé d'opérer la rétrogradation des liquides spiritueux sur les plateaux de la colonne pour les distiller de nouveau; après avoir traversé le chauffe-vin, les vapeurs alcooliques qui ne renferment plus que très-peu d'eau se rendent dans le réfrigérant où elles se condensent et donnent de l'alcool au titre commercial.

Le réfrigérant, dans cet appareil, est un serpentin montant; la marche du vin froid se fait par la partie inférieure du réservoir du réfrigérant. L'alcool se dépouille de son calorique, le cède au vin en haut du réfrigérant, celui-ci a acquis une certaine température aux dépens de l'alcool du haut du réfrigérant; il passe dans le rectificateur horizontal, et, profitant du calorique de l'alcool qui traverse celui-ci, il arrive sur les plateaux à une température qui lui permet de condenser les vapeurs aqueuses et de laisser celles des alcools en liberté, car si le vin froid arrivait directement sur les plateaux, toutes les vapeurs seraient condensées et, par ce fait, le vide établi dans l'appareil qui, n'étant pas construit pour supporter cet effort, serait écrasé par la pression atmosphérique.

L. Fontaine, constructeur à la Madeleine-les-Lille, à Roubaix (Nord). — Cette maison a un appareil pour la distillation et un pour la rectification. Ces appareils fonctionnent à feu nu et à la vapeur.

Ils sont composés d'une chaudière où se chauffe la matière à distiller, d'une colonne de haut tronçon à plateau où le liquide est étendu et se charge d'alcool à chaque plateau d'un rectificateur tubulaire qui permet de condenser, dans un espace relativement court, les vapeurs aqueuses qui emprisonnent l'alcool et laissent celui-ci à l'état libre pour se rendre dans le réfrigérant.

La marche du liquide à distiller est en sens inverse de celle de l'alcool, ce qui permet au liquide de se chauffer aux dépens des vapeurs alcooliques en les condensant.

L'appareil de rectification a la colonne plus petite et distille les produits de la première distillation pour produire les trois-six du commerce.

Nous n'avons pu obtenir aucun renseignement sur la construction des plateaux qui est la partie essentielle de ce genre de travail.

V.-Édouard Verbeck, rue des Fabriques (Bruxelles). — Cette maison a exposé le même appareil que la maison Fontaine. Comme travail et comme construction, il est admirablement bien fait, et sa solidité ne laisse rien à désirer.

Égrot, de Paris. — La maison a exposé des installations pour la confiserie, la parfumerie et la tisanerie, et une quantité d'alambics sont exposés. Les alambics sont à double fond ; le fond extérieur est en tôle, et l'autre à feu nu.

Des bassines à double fond pour tous les usages sont représentées dans cette collection.

Cette maison, dans plusieurs expositions, a su se faire remarquer pour ses travaux toujours bien conditionnés.

Lecornu, de Paris. — Cette maison a exposé une série de bassines à dragées chauffées à la vapeur, rotatives, et de poêlons à bascule pour la confiserie.

Travail très-bien conditionné ; rien ne laisse à désirer.

TUYAUTERIE DE MACHINES.

Les Ateliers de grande construction de France et de l'étranger, pour les moteurs qu'ils ont à l'Exposition d'Amsterdam, ont un ensemble de tuyauteries très-bien exécutées, auxquelles il est difficile de donner la préférence.

F. Morane jeune, rue Jenner, 28, Paris. — Cette maison a exposé une installation pour la bougie dans laquelle se trouve un appareil à saponifier en cuivre rouge de 0,18 millim. d'épaisseur ; double rivure ; le corps de l'appareil est cylindrique, à fond sphérique ; il a 2 mètres de hauteur sur 1 mètre de diamètre. Cet appareil à saponifier les suifs peut, dans l'opération de dix heures, faire un poids de 4,000 kilog.

Un appareil à distiller la glycérine ; l'appareil est en cuivre rouge et chauffé à feu nu ; il a la forme d'une lentille en deux pièces et a double rivure. Il adapte sur la lentille une cornue que relie un serpentin ; le serpentin à forme spirale, est ensuite placé dans un réservoir en tôle, où il sert de réfrigérant.

Cet appareil produit et distille en huit heures 3,400 kilog. et obtient 10 % d'une glycérine pure à 28 degrés Baumé.

QUESTION SOCIALE

Concernant les classes ouvrières.

La classe ouvrière, cette classe si laborieuse en France, devient tous les jours de plus en plus malheureuse par suite des concurrences que les grandes villes sont obligées de soutenir. Le plus sûr moyen pour éviter la misère qui sévit en ce moment, c'est l'association, afin d'équilibrer le produit du travail avec la consommation.

Créons des sociétés de production et de consommation, c'est le moyen le plus sûr pour arriver au but.

L'Angleterre possède beaucoup d'industries de ce genre qui sont en bonne voie ; pourquoi resterions-nous en arrière ? Ainsi, il existe beaucoup d'industries qui, ne nécessitant pas un outillage bien conséquent, auraient beaucoup plus de facilités que bien d'autres corporations. Il ne faut pas un matériel bien conséquent pour notre industrie.

Le temps nous a démontré ce qui est presque toujours arrivé. Les premiers temps, dans les associations, la main-d'œuvre revient trop cher ; on est obligé de faire des sacrifices pour soutenir la concurrence et vaincre certains préjugés.

Le travail marche bien ; arrive une crise, les commandes manquent, les paiements arrivent tous à la fois et l'on est obligé de tomber ; pourquoi ? Parce que les capitaux ont manqué. Il y en a qui diront : Ils n'ont pas su s'entendre. Alors l'ouvrier, qui est sans travail, ne peut payer sa cotisation et la société est perdue.

Il faudrait donc établir un fonctionnement régulier.

Prenons un autre moyen : fondons des sociétés de consommation et laissons-en les intérêts pour en faire plus tard un fonds social destiné à une exploitation qui nécessite de grands capitaux, et vous assurerez ainsi une garantie à cette industrie.

Il ne faut pas se faire d'illusion, nous arrivons à une époque où la force des choses nous pousse à l'amélioration de la classe ouvrière. Avec la concurrence qui existe et qui compromet tous les jours le salaire de l'ouvrier, il faut chercher une compensation si l'on veut élever ses enfants et en faire des citoyens.

Alors, pas de découragement ! Luttons avec énergie et espérons. Il faut à tout prix réussir, c'est le seul moyen de salut.

Il y a plusieurs associations qui, après d'infructueuses tentatives, ont pourtant vu leurs efforts couronnés de succès.

Voici le fait qui nous oblige à réclamer le droit de réunion et d'association, l'instruction laïque, gratuite et obligatoire, la suppression des droits d'entrée pour les villes, qui ne servent qu'à charger la classe ouvrière.

Une grande amélioration, aussi bien pour notre corporation que pour les autres, serait que l'on fondât des caisses de retraites pour protéger et soutenir les invalides du travail. Ainsi, après trente ans de travail consécutif, l'ouvrier chaudronnier qui arrive à 50 ans est obligé d'abandonner son métier, soit à cause de mauvaise vue ou pour une foule d'autres cas qui peuvent se présenter.

Il y aurait encore un moyen bien plus simple, ce serait qu'une loi autorisât le gouvernement à le faire et que les sommes nécessaires en soient perçues par un impôt quelconque auquel tout citoyen contribuerait pour sa part.

Ces vœux nous semblent justement formulés, car c'est la seule route à suivre, si nous voulons marcher au progrès et à notre amélioration.

Croyant avoir rempli mon mandat avec toute l'impartialité et l'indépendance nécessaires aux intérêts de notre corporation, nous souhaitons que ce soient les premières bases de notre bonheur, du jour où les ouvriers comprendront enfin leurs intérêts et se rallieront tous aux principes qui doivent dominer, par l'union et les réformes sociales.

Vive la République démocratique et sociale !

Votre Délégué,
NARBEAU (Pierre).

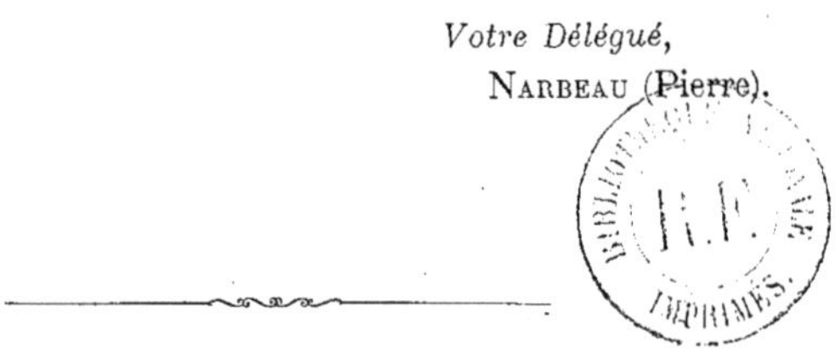

Lyon. Association typographique, rue de la Barre, 12. — F. PLAN, directeur.

9 782019 949549